AF347058

Aurora

De:

Para:

Que a Luz se faça presente.
Seja Luz!

MOACIR ANGELINO

Aurora

Rosawéré Rosa'rese

Dados Internacionais de Catalogação na Publicação (CIP)

Angelino, Moacir.

A582   Aurora : Rosawéré Rosa'rese / Moacir Angelino. – Belém, PA : [s.n.], 2022.

20 p. ; 15 cm.

ISBN 978-85-471-0545-7

1. Poesia. 2. Literatura brasileira. I. Título.

0122-08   CDD: B869.1

**Ficha catalográfica elaborada por
Débora Soares Vicente de Santana - Bibliotecária CRB-9/1914**

Índice para catálogo sistemático:
1. Poesia brasileira   B869.1

Para meus pais Moacir e Olinda,
meus irmãos Marcia, Madson, minha vó Olivia,
meus filhos Dandara, Cauê e Rafael.
Especial para a Aurora da minha vida Virginia.

Sumário

Um

E lá nave vá
E lá nave vem

Vem com os meus
Vai com os teus

E com todos: Um

E W

Pequenas paisagens faziam-me sentir forte. Como o suave toque das notas que invadem a Alma com a rapidez de um cometa reluzente.

Um grito de avançar e tudo foi-se ao vento, na onda do mar e no pensamento daqueles que ainda acreditam no Amor.

Teus

Teus sonhos
Ir e vir
A Bia ia
Ia ao parquinho
Vinha da Escola
E tinha sonhos. Sonhos de viver
Viver na Colina das grandes Veredas
Os teus sonhos
Os teus desejos
Os teus sentimentos
Os teus Anjos
Os teus poderes
Poder de sentir os teus
Mas, e o Amor? Ah! o Amor
O Amor é Teu
O Amor é:
Matheus

M&M

Sentir
Ouvir
Ver que

No M está A razão que Reverbera a CrIAnça
No M está A Delicadeza do som e os SONhos

Duplo M, eterno Amor

Sábia

Oh Lívia
Oh Livre
Oh Vive
Oh Simples
Oh Sábia
O   Sabiá cantará ao seu ouvido e emitirá o mais belo som da felicidade, da harmonia e do Amor confraternizando junto aos Anjos neste dia Especial, Fraternal, Emocional.

Emocional que une com o elo que envia a beleza que havia no arco-íris, desejando o mais puro Amor no coração.
Vó
Oh Vó
Oh Livre
Oh Lívia
Olívia

Prisma

A mágica do voo colorido é em preto e branco.

E entre o preto e o branco está a mágica do voo colorido.

E o Amor é assim:

"Colorido em preto e branco"

Aurora

Em busca do mistério seus olhos os vi.

Na imensidão do espaço e nas profundezas dos sonhos amanheci com saudades.

Jura eterna que os escombros arrasaram com as sementes de vida.

Nunca o tempo trouxe tamanha emoção transformando os dias no despertar de raízes.

Qualquer que fosse o sentido os segredos permaneceriam ocultos, mesmo que as noites caíssem num lago sem fim.

Mas a Aurora era mais forte e no trocar de estação o Amor reviveu e as tardes nubladas ficaram mais lindas.

A Luz Venceu!

Sonhar

Sonhar e ir em frente
Chamar para ir avante
A chave está no Ar
O Ar é meu é teu é nosso
O Ar é de ti é de tu
O AR é THUR e IR é AÇU
AMAR é ALcançar a luz
e nada oFUSCA o LaDO do amor

Xama o Xavante
A Música é o Sonho do Amor no Ar.

Gratidão

Psiu

O Amor chegou
Entrou e descobriu o que a Vida vinha
fazer valer
ser vir

Servir e Amar.

PSiu
  Chame
    O Amor
      LOGO ele virá.

Pai/Mãe

Oitenta
Tenta
Vive
Sobrevive
Revive
Insiste
É livre
Inventa
Senta
Lembra
Como no princípio

Isto é só o início!

3 Corações

O céu ilumina e transmite a inspiração

DANDo ao Amor a foRmA como um
CAUdaloso fluxo intenso dE
ReAlizações e ForçA, ELegendo a vida como

expressão maior.

Sorriso do Rio

Rio da fonte
Rio de fronte
Rio do Horizonte

Belo é Janeiro
Belo é o Rio
Belo é ver o Rio ir

Natureza é isso
Atravessa matas, florestas e leva
Alegria, vida e sorriso

Rosawéré Rosa'rese

Do alto e do centro vem a inspiração que
Tinha a unidade cósmica de revelar
Inundando o coração do ser.

Se o amar é real

Fomenta teu Sonhar para Conhecer

A alegria do viver

www.ingramcontent.com/pod-product-compliance
Lightning Source LLC
LaVergne TN
LVHW090033180726
843489LV00008B/3189

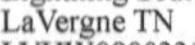